Fyra årstiders Haiku

Hösten

Christer Foghagen

© 2020 Foghagen, Christer
Förlag: BoD – Books on Demand, Stockholm, Sverige
Tryck: BoD – Books on Demand, Norderstedt, Tyskland
ISBN: 9789179697457

Den här boken är avsedd att vara ett inspel i
vardagen. I boken gestaltar, beskriver och
utforskar hösten som årstid. Detta görs genom
att presentera en haikudikt för varje dag under
höstens tre månader.

Att valet föll på just haiku som form var att det
kräver total närvaro för att kunna säga det som
ska sägas i det korta formatet. Haikudikterna i
boken är skrivna med maximalt tre rader per
dikt och fem till sju stavelser per rad. Jag tar
mig frihet att laborera något med haikuformen
i dikterna.
Ett annat skäl till att haikuformen valdes är att
det ger lättöverskådliga texter som man
relativt enkelt kan finna tid att läsa i en stressig
vardag.

Upplägget är; en dikt om dagen för att väcka
tankar och mana till närvaro. Ett försök att
göra oss observanta på den årstid ligger för
våra fötter.

Boken är en del i en serie om fyra delar som
alla behandlar olika årstider genom
haikuformen.

September

I

torget ligger öde
minnet av sommaren
blåser runt som ett torrt löv

II

mellan buda och pest
fraktar flottkarlen
höstfärger på donau

III

fönstret drabbade en trast
jag höll den länge
intill mitt hjärta

IV

ladugården sörjer
tider som kom och gick
sparkade bland höstlöven

V

tomma båtplatser
gör bilden porös
blottar en nakenhet

VI

staden samlar sig
med de sista krafterna
välkomnas hösten

VII

med sjumilasteg
en förmiddagsrast
i början av september

VIII

telefonkiosken
saknas där på torget
dina samtal ekar än

IX

första höstregnet
smeker dammet av din kind
det är över nu

X

De gamla vanorna
flugor som samlar guld
i kalla höstyran

XI

i djupa gränder
en kylig kvällsvind
målar höstfasader

XII

vibrerar över marken
kråkfåglar sjunger fram
en uråldrig höstångest

XIII

skyggt och försiktigt
smyger morgondagen
närmre och närmre höst

XIV

råbocken majestätisk
mot den rödgula
kvällsfuktens minne

XV

de första fallfrukterna
uppenbarade slutet
för de andra

XVI

ansiktslösa människor
en varelse drog förbi
lämnade gulgröna löv

XVII

havet ligger blankt
oöverstiglig gräns
mina trevande fotsteg

XVIII

dödens andedräkt
som en kylig bris
krusar havsytan

XIX

25

livet döden livet
hösten döden hösten
nu räcker det nog

XX

kalla dagar går också
duvorna drar sig närmre
månen ger ledljus

XXI

sista minuten är först
när härfågel visar sig.
hur är det annars då?

XXII

soltrötthet finns det?
näbbmusen dreglar gift
medan du sover

XXIII

i lökskördetid
fria radikaler
dansar upphetsat

XXIV

bilvrak i tallskog
tiden tecknar i rost
porträtt av förgänglighet

XXV

andas in och ut
syrsor spelar för livet
höstvinden smyger sig på

XXVI

en solljus smekning
vattnet kluckar lugnt
även i september

XXVII

askgrå är dagen
jag skyndar över bron
öland ler soligt i höst

XXVIII

dagarna tappar fart
äpplen rodnar svagt
jag bidar min tid

XXIX

nu är morgnarna svala
fälten puffar rök
vitbeslöjade älvor

XXX

idag är den sista
slutet vibrerar
björkarna är rastlösa

Oktober

I

sist att lämna festen
är ekens gula blad
dunsar dovt mot marken

II

dagar väntar stilla
mjölkbilen frustar
skakar mjölk ur sin päls

III

sandslott är bristvara
när barnen skrattar
mellan fyra väggar

IV

staden makar ihop sig
fukt och väta utanför
teve-deckare

V

dagen är skyggare nu
livet tröttare
salongen fullare

VI

trädet ville inte
skiljas från sina löv
rävhonan har rotat sig

VII

flyttfåglars söderplog
endast en vit strimma
himlavalvet skälver till

VIII

vid ismanstorps borg
större sporrspindel
tråcklar historien

IX

korta dagar kommer går
pärlor på rad i band
ibland stannar tåget här

X

nordanvinden viskar
gyltan gömmer orden
täcker dem med höstlöv

XI

ibland hälsar solen på
det var inte avsiktligt
gamla cyklar rostar

XII

koordinater
upp eller ner kanske
hösten döljer svaret

XIII

en falskmyntare
säljer guldmynt från Tibern
i höststorm falnar falskt guld

XIV

en sprucken tegelpanna
en kylig fiskdoft
andas tunna andetag

XV

själen söker ljus
solen överger
resebyrån lockar

XVI

53

gatorna frostblänker
osäkert och mjukt
drar kappan närmare

XVII

54

sidensvansarna
äter sina rönnbär
ur tvättställningens hand

XVIII

gnisslande cykelhjul
den rostiga kedjan
ger cykeln höstens färg

XIX

klingande stålgrind
spelar en aria
för skördetidens slit

XX

tunga regngardiner
flodfåran smeker
stenskravel skriker tack

XXI

ansikten i gräset
letar efter utsikt
när kylan plötsligt kommer

XXII

22

tålmodigt väntar vintern
föregångaren
är inte klar än

XXIII

andas sakta är du snäll
läderartad hud
handskas med vissna blommor

XIV

i stilla landskap
röda och gula löv
året andas ut

XV

norrskenet darrar
vibbrerar i takt
med tiden blir vi kloka

XVI

åskan kommer sällan
när höstvinden sliter
och det som var får vila

XVII

64

nu ligger vi här
solen månen tågen
omgivna av frost och löv

XVIII

jag har sett molnen
framträda mot fasader
med blicken fäst på hösten

XXIX

du bar alla gångna år
med trötta fötter
mot det kalla golvet

XXX

oktober skriver
flyter som silver
genom kroppens vener

XXXI

hösten lutar trött
och råbocken skäller
regn och kyla över oss

November

I

kyrkans klockor klämtar
rökringar av morgondis
landar i november

II

brevduvan flyger
syr och binder samman
destinationer

III

rostsprängd höstlikt avmagrad
volvo amazon
var tidens dröm då

IV

som en rännil av blod
gräver floden sitt lopp
stadens huskroppar håller i

V

nästa avgång försenad
avlövade kala grenar
krattar bland stjärnorna

VI

svartkrutsrök och skrik
dimman är ett minne blott
boken står i hyllan

VII

bläddrar bland gamla tårar
vindsflugor bilder
kaffet smakar höst

VIII

barkbåt med sprisegel
skopar i sig höstvinden
knarrar betänkligt

IX

bibliotekslampan
knäpper i bokveden
och dikten får liv

X

ansiktslös politiker
skränar agiterar
barnen leker oberört

XI

vägar går bort sig
när träden byter färg
fåglarna flyr bilden

XII

skapelsens cykler
samlar bruna löv
och farvattnets vågskum

XIII

vi gick genom tystnaden
dina andetag
allt som betydde något

XIV

imorgon väntar
flygplan ska landa idag
staden måste tas om hand

XV

medeltidens lustspel
tunna höstdimmor
älgkon räknar tåg

XVI

frostbitna grenar
klingar för november
och fraktbåten i fjärran

XVII

barnakind tindrar
driver undan skuggorna
lyser upp tillvaron

XVIII

dag och natt vandrar nära
i skenet av gatlyktor
såg jag dig som du är

XIX

issörja gråväder
stenarna vid bockskär
söker din närhet

XX

daggdroppe och spindelnät
dagar fogas till dagar
där höstsolen spelar

XXI

violinisten
och alla andra väsen
på berlin hauptbahnhof

XXII

alexanderplatz
en frostig morgon
en ny linje för mig

XXIII

fåglar som stannar
kan berätta ge hopp
när bensindunken sinar

XXIV

93

ingen talar om
trollsländan i november
det har vi lagt bakom oss

XXV

skälvande vibrerande
som när tåget kommer
går hösten mot sitt slut

XXVI

man tog emot oss
med öppna ögon
såg vår nakenhet

XXVII

jag tror alla var där
när tiden drogs tillbaka
vi såg världshistorien

XXVIII

när dimman övergår
i tunna viskningar
håller jag dig nära

XXIX

98

vi är snart framme
bara ett andetag till
under höstens färg

XXX

tiden blev nog knapp
när larmet avtog
förändrades allt